원
영

'일상이 곧 수행이다'라는 간결한 화두선(禪)을
바탕으로 수행과 나눔의 길을 걸어온 승려이자,
글을 통해 마음의 울림을 전하는 작가.
수많은 글과 책을 통하여 삶의 무게와 고단함
속에서도 놓을 수 없는 희망을 이야기하는 스님은
『마음 글밭』을 통해 독자들에게 '필사'라는
또 다른 수행의 길을 권한다.
'관세음보살 주니어'로 살겠다는 초발심의 서원을
잊지 않은 원영 스님은 오랫동안 불교의 가르침을
대중과 나누었고, 또한 그 말과 글은 단순한 기록을
넘어 마음을 적시는 물줄기가 되어 흐르고 있다.
스님의 글은 잔잔하면서도 깊은 울림을 지니며,
독자들 자신에게 내면을 돌아보게 하는 힘을 준다.
『마음 글밭』은 그가 걸어온 길 위에 피어난
또 하나의 작은 꽃이 아닐 수 없다.

"우리는 늘 바쁘게 살아가며, 마음 돌볼 틈을 잃곤 합니다.

그러나 글을 따라 쓰는 순간만큼은 세상의 소음이 멈추고

오직 나와 글, 그리고 그 글 속에 담긴 마음만이 남습니다.

필사는 단순히 글을 옮겨 적는 일이 아닙니다.

그것은 내 안의 깊은 곳에 씨앗을 심는 일이며,

그 씨앗이 자라 꽃을 피우도록 기다려 주는 일입니다.

『마음 글밭』은 당신의 손끝에서 다시 태어날 책입니다.

한 글자 한 글자 마음을 옮겨 적는 동안,

당신은 이미 수행자의 길을 걷고 있는 것입니다.

메마른 땅에도 물길이 숨어 있듯, 우리 마음에도 본래 맑은

샘이 흐릅니다. 필사는 그 샘물을 길어 올려, 삶의 갈증을

씻겨 주는 수행입니다. 글씨가 서툴러도 괜찮습니다.

빠르지 않아도 좋습니다. 중요한 것은 '쓰는 마음'입니다.

그 마음이 곧 꽃이 되어, 당신의 삶을 향기롭게 할 것입니다.

이 책을 통해 당신의 하루가 더 고요해지고, 마음 글밭에

한 송이 꽃이 피어나기를 바랍니다. 그리고 그 꽃이 당신

곁의 누군가에게도 따뜻한 위로가 되기를 소망합니다."

―원영 두 손 모음.

마음에 꽃을 심는 원영 스님 필사집

마음 글밭

불광출판사

마음에 꽃을 심는 원영 스님 필사집

마음 글밭

불광출판사

님께

앞으로 살아갈 모든 길 위에서
뭇별처럼 반짝이는 문장들이
더 단단히 지켜 주기를 바라며
늘 응원하는 마음을 담아
이 책을 드립니다.

당신의 마음밭이
자비의 꽃으로 무성하길 기도합니다.

차
례

비움의 시간

비움의 시간

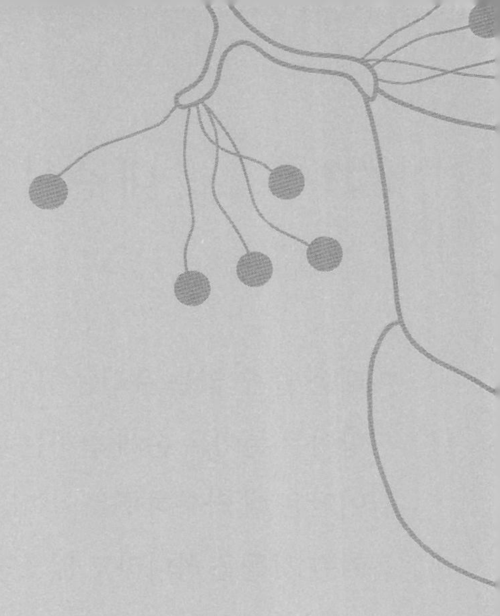

“

그 불완전함이야말로
삶을 더 깊고 찬란하게 만드는
또 하나의 선물이 아닌가 싶다.

”

001 —— 내 손이 가둔 것은 무엇일까

미래를 알 수 없는 우리는 불안에 휩쓸려
사랑이든 돈이든 손에 잡히는 대로
끌어안은 채 하루하루를 살아간다.
움켜쥔 것들을 하나라도 잃으면
마치 벼랑 끝으로 추락하진 않을까
좌절과 괴로움에 마음을 더욱 몰아붙인다.
내가 놓지 못한 것들이 오히려 나를 옭아매어
무겁게 짓누르고 있음을 알아야 한다.

지난날을 되돌아보면,
나를 쓰라리게 했던 변곡점의 시간 대부분이
나의 부질없는 기대와 욕심에서 비롯되었다.
각자의 인생을 살아가는 이들을 향해
나는 제멋대로 그들의 삶을 재단하고
인연마저 끊어 버리고는 했다.

돌이켜 보면 그 모든 결정이 얼마나 우매했던가.
사람이나 물건이나 원하는 바는 끝이 없으니
내면의 어지러움이란 결국
차마 놓지 못한 나의 욕심 때문이었다.

003 —— 행복을 찾아

사람이 인생을 헤매는 이유는
용기를 내지 못해서가 아니라
포기해야 할 것을
제때 포기하지 못해서가 아닐까.

어쩌면 모두가 찾아 헤매던 행복의 비결이란
무엇을 얻는 기쁨보다
단념해야 할 마음을 빠르게 정리하는 데 있는지도 모른다.

해묵은 감정은 해묵은 쌀처럼 향기롭지 못하니,
무엇이든 쌓아 두는 일을 경계해야 한다.
그때그때 놓지 못하면 우리는 집착하게 되고
곧 망상과 번뇌의 바다에서 길을 잃고 만다.

005 ——— 끝내 지워지지 않을 것들

기억하고 싶지 않은 순간도 내 것이고
더없이 행복한 순간도 내 삶의 기쁨이니,
잘했든 못했든 지나간 그 모든 행위가
지금의 나를 이루는 것만은 틀림없다.

나는 금세 사라지는 기쁨과 행복을 느끼며,

어쩌면 삶이란 그 짧은 순간을 붙잡고자

애쓰는 과정일지도 모른다는 생각이 들었다.

사라져 버린 기쁨이 허무할 때도 있으나

그 순간이 모여 나의 하루를 빛나게 하진 않았을까.

불완전하고 서툰 걸음 속에서

나는 여전히 살아서 타오르고 있음을 느끼니,

그 불완전함이야말로 삶을 더 깊고 찬란하게 만드는

또 하나의 선물이 아닌가 싶다.

007 ——— 탐욕에서 자유로운 이는 없다

하루하루 살면 살수록 절실히 와닿는 것은

내가 여태껏 가진 것들을 잃지 않고자 움켜쥘수록

오히려 멀어지는 게 생의 이치라는 점이다.

그대로 내려놓고 비우면 한결 홀가분할 텐데도

모두 잃을세라 붙잡으려는 욕망 때문에

우리의 삶은 끝없이 고달프다.

그 누구도 탐욕에서 완전히 자유로울 순 없다.

008 ＿＿＿ 미완의 이야기가 노래하는 삶

출가자의 삶은 생각보다 더 불안정하고
때로는 허무하게 흘러간다.
하지만 수행자의 삶에서만 들을 수 있는
고요한 울림이 있으니
그 울림은 나를 멈추게 하고,
멈춤으로써 더 깊이 울리며
다시금 살아 있다는 사실을 일깨운다.

기쁨이 금세 사라져도 여운은 오래 남아
내 안에서 또 다른 이야기를 시작하듯,
이야기는 완성되지 않은 채 남았지만
그 미완성의 자리에 내가 살아 있다는 증거가 깃든다.

009 ______ 고마움을 부치며

세월이 지나 그리웠던 이를 다시 만날 적에
그 옛 감정이 되살아나지 않을 때가 종종 있다.
삶은 끊임없이 만남과 헤어짐을 반복하고
그 가운데 인연이 다한 이들도 더러 있으니,
그때마다 내가 할 일은
마음속으로 고마움의 인사를 건네고는
조용히 떠나보내는 것이다.

010 —— 폭풍을 탓하기 전에

지금까지 인간관계에 시달리며
속을 태웠던 사건들을 되짚어 보면
나나 당신이나 각자의 아집을 빌미 삼아
공연히 화를 키워 왔음을 알게 될 것이다.
그렇기에 각자의 욕심과 절망이 녹아든
내면의 상(相)을 비우는 연습이
곧 마음을 다스리는 수행의 출발선이다.
만약 자기 자신만을 내세우는 고집과
편견조차 내려놓지 못한다면,
당신은 괜스레 폭풍이나 탓하며
이 고해를 건널 수밖에 없을 것이다.

비움의 시간

원한을 푸는 것을 '해원(解冤)'이라고 한다.
여기서 '해(解)'란 '풀다' '벗다' '깨닫다'라는 뜻으로,
즉 맺힌 것을 풀어내고 가려진 것을 벗기어
있는 그대로 보고 깨닫는 과정이 원한을 끝맺는 진정한 방법이다.
그렇게 내면의 상처와 고통으로부터 나 자신을 구하는 일을
우리는 다른 말로 '용서'라 칭한다.

이 지난한 여정은 누군가에겐 평생이 걸릴 수도 있고,
또 누군가는 죽는 그 순간까지
끝내 완전한 용서에 이르지 못할 수도 있다.
그럼에도 우리는 용서를 말해야 한다.
원한의 화살이 돌고 돌아 내게 겨누어지기 전에.

한때 내게도 화를 죽이지 못하고 쌓아 두던 시기가 있었다.

불쑥 치솟는 감정을 감추던 얼굴 너머

소멸하지 못한 화는 조용히 삶의 바닥을 갉아먹었다.

속이 들끓듯 불편했던 나날,

어느 순간 불현듯 한 문장이 떠올랐다.

'그렇다고 죽을 수는 없잖아.'

그랬다, 그 말은 응어리진 마음을

희망으로 바꾼 하나의 생각이자

침잠한 분노를 수면으로 끌어올려

하나씩 내려놓기 시작한 용기의 시발점이었다.

불교에선 참된 사랑을 '마이트리'라 하여
기쁨을 주고자 하는 마음과 이를 행하는 능력을 말한다.
상대를 위해 무엇을 하고 또 말아야 하는지 알기 위해선
깊이 보고 듣는 수행이 필요하다.

이때 가장 큰 방해물은 '나'이다.
익숙해진 각자의 습관과 생각을 내려놓고
상대의 입장에서 바라보아야만
타인과 이 세상을 수용하는 폭도 넓어지니,
그때 비로소 만물을 향한 측은지심과 함께
모든 이와 더불어 살아가고픈 마음이 생겨난다.
사랑하는 이를 위하는 행동이 곧 나를 성장시키는 것,
사랑이 내게 주는 가장 큰 선물이다.

014 —— 슬픔은 헛되지 않다

‘슬픔의 시간’ 동안 사람은 이룬 것도,
할 수 있는 것도 없기에 텅 비어 버린 듯하다.
그래서 사람들은 슬픔을 온전히 겪는 대신
그곳에서 벗어나고자 애를 쓴다.
그러나 우리에게는 충분히 슬퍼하고
아파하는 시간이 필요하다.
슬픔의 시간을 지나야 인생에 있어서
내가 절실히도 원한 건 무엇인지 알게 된다.
슬픔은 우리를 깊이와 성숙으로 이끄니,
자신에게도 슬퍼할 시간을 주는 게 어떨까.

비움의 시간

평생 마음 맞는 사람만 만나며
살 수 있다면 얼마나 편할까?
하지만 우리는 사회에서
어긋나는 이와도 끊임없이 마주해야 한다.
싫어하는 이와 함께 하는 괴로움을
불교에서는 '원증회고(怨憎會苦)'라 부르며
인생의 여덟 가지 고통 중 하나로 여겼다.

우리는 이 괴로움의 원인을 타인에게서 찾으나,
잘잘못을 따지며 원망해 봐야 상대는 바뀌지 않고
나만 더 깊은 수렁에 빠질 뿐이다.
미워하고 험담하느라 모든 감정을 쏟는 대신
적당한 거리를 두고 내 에너지를 지키자.
타인을 욕하지 않는 게 나를 가장 편안하게 만든다.

'말'이란 오해와 갈등, 불행의 씨앗과도 같아서
흔히 말을 조심하라고 한다.
그러나 그만큼 침묵 또한 조심해야 한다.
진실한 대화는 말과 침묵이 조화를 이룰 때 시작된다.

침묵 속에서 성숙해진 말은
직면한 상황을 통찰하도록 지혜를 더해 주고
삶을 부드럽고 순조롭게 이끌어 내니,
이것이 바로 '지혜로운 침묵'이다.
우리에게는 말해야 할 것과
침묵해야 할 것의 분별이 필요하다.

017 ——— 욕망을 되짚는 방법

우리는 속을 드러내지 않고 사는 데 익숙하여
하고픈 일이나 바람을 마음속에 차곡히 얹고선
그럭저럭 잘 살고 있다고 만족한다.
하지만 가끔 허탈감이 밀려올 때가 있는데,
해결하지 못한 욕망이 내 안에 쌓일수록
공허함은 들쑥날쑥하게 마음을 헤집는다.

우리에게는 욕망을 분별할 줄 아는 지혜가 필요하다.
아름다운 욕망과 그렇지 못한 욕망을 판단하려면
삶에서 내가 가진 욕망이
어떠한 영향을 끼치는가 헤아리면 된다.

돌이켜 보면 나 역시 멈춰야 할 때 멈추지 못했고
다가서야 할 순간에 다가서지 못한 날이 많았다.
익숙함 속에서 머물던 나태하고 소심한 걸음 또한
내가 버려야 할 하나의 과제였다.
나는 포기할 수 없는 것과 포기해야 하는 것,
그리고 버려야 할 것을 머릿속에 그렸다.
비우면 비울수록 충만해지리라 다독이며.

우월감은 열등감의 다른 이름.

타인에게서 우월한 면을 확대하면 열등감이,

열등한 면을 확대하면 우월감이 느껴질 뿐이다.

즉 만들어진 타인과 만들어진 자아에 좌우되는 감정이

우월감과 열등감이다.

그러니 두 감정이 마음에 닥쳐오면

내가 환영을 보는구나, 생각하면 된다.

괜히 허상을 좇으며 누군가를 시기하는 데

힘을 쏟을 필요는 없다.

더 이기적으로 살아라.

나 자신을 더욱 아끼고 사랑하라.

부처님은 말씀하셨다.

"이 세상에서 가장 사랑해야 할 것은

바로 자기 자신이다."

자신을 사랑하지 못하면 타인의 사랑을 갈구하다가

제멋대로 기대하고 제멋대로 원망하게 된다.

나의 내면에 주의를 기울이고 마음을 챙기는 것,

이것이 바로 나를 사랑하는 방법이다.

'나'와 마주하기

긴 여정을 시작할 때

우리는 먼저 지도를 펼쳐 보고는 합니다.

내가 현재 어디에 서 있는지 확인하는 일이

무엇보다 선행되어야 하죠.

다음 길로 들어서기 전,

지금 이 순간 나의 마음을 마주하세요.

그리고 내면에서 들려오는 목소리에 귀 기울이며,

나에게 건네는 말을 기록해 보세요.

1. 지금 나의 마음은 어떤 모습인가요?
   근래 가장 자주 떠오르는 생각이나 감정, 반복해서 드는 고민이 있다면 함께 적어 보세요.

2. 지금 현재 내려놓고 싶은 감정이나 습관은 무엇인가요? 오래도록 마음에 걸리는 일이 있는지,
   있다면 언제부터 그렇게 느껴 왔는지 천천히 떠올려 보세요.

3. 이제 본격적으로 길을 떠나는 당신, 이 여정을 끝마쳤을 때 어떤 모습으로 서 있고 싶나요?
   이 길을 완주할 수 있도록 나 자신에게 한마디 건네 보세요.

회복의 시간

"

살아가는 내내 슬퍼지는 순간이 찾아오지만,
어떤 것도 영원하진 않으니
너무 걱정하지 말자.

"

혹여 슬픔이 밀려온다 하여도
그 슬픔이 곧 나의 인생을 다지는 무게가 되리니,
그 안에서 나의 내면도 깊어짐을 믿어 본다.

도저히 답이 보이지 않는 상황에서
우리는 간혹 기도하고는 한다.
누구에게든 마음 다해 원하는 바를 청하나,
사실 기도가 곧바로 이루어지는 일은 드물다.
하지만 그 간절함이 깊어질수록
분명히 들리는 목소리가 존재한다.
그 소리는 기도해 본 이들만이 안다.

인생을 살아가는 동안
누구나 기도가 필요한 순간이 찾아온다.
그리고 간절히 기도하여
그 무엇도 얻지 못한 이는 없다.

023 ——— 멈추어야 보이는 것들

때로는 자신이 무엇을 붙잡고 있는지
돌아볼 필요가 있다.
열정이라 부르던 것들이
내게 괴로움으로 되돌아온다면
그 마음은 잠시 식혀야 한다.
가던 길을 쉼 없이 가는 것도 좋지만
지쳐 버린 몸과 마음으로는 오래 걷지 못하니,
한숨 쉬어가는 그 틈에서
나를 다시 살피는 시간을 가져 본다.

사람들은 자신의 꿈을 포기하는 일에
깊은 상실감을 느낀다.
그러나 너무 힘들다면 포기하는 것도 삶이다.
꿈을 놓는다고 해서 남은 날이 무너지는 건 아니며,
그 대신 다른 길을 택한다고 당장 죽는 것도 아니다.
상황을 보고 한발 물러서는 선택 또한
때로는 지혜이자 용기이다.

살아가는 내내 나약해지고
슬퍼지는 순간이 찾아오지만,
그 어떠한 것도 영원히 지속되지 않을 테니
너무 걱정하지 말자.

이 사회 속에서 우리는 멈추는 법을 잊은 듯
끝도 없이 달리고 있다.
그럼에도 각자 멈추어야 할 때가 있으니,
자신의 감정에 속아 습관처럼 달려간다면
이정표를 놓치고 방향을 잃은 채 헤맬지도 모른다.

좋고 나쁜 감정이 휘몰아치도록 그냥 두지 말고
스스로 멈출 줄 알아야 후회 또한 줄어든다.
정 멈추기 어렵다면 속도를 늦추는 건 어떨까.
봄도 되었으니 주변 곳곳을 둘러보며
천천히 걸어 보자.

026 ──── 우리는 서로의 등에 기대어 산다

사람들은 모두 서로의 등 뒤를 봐주며
삶을 지탱해 나간다.
가족의 뒤를 보살피고
벗과 사랑하는 이의 뒤를 밀어주며
저마다 끌어당기고 의지한다.
대단한 힘을 가진 존재가 아니더라도
누군가 나의 등을 지켜 준다는 믿음은
그 자체로 든든한 위안이 된다.

027 ———— 시간은 흐른다

세월은 흐른다.
어떠한 내적 갈등을 겪으며 살았더라도
그에 아랑곳하지 않고
시간은 묵묵히 흐른다.
그리고 모든 것은 변한다.
시간이 주는 유연함이다.

지난여름은 가을이 영영 오지 않을 듯
습하고 무더웠다.
그러다 아침 기온이 갑작스레 뚝 떨어지자
나는 문득 일상을 이루던 존재들에게
안부를 묻게 되었다.
드문드문 찾아오는 길고양이 흑미와
암자 앞 도랑에 가득한 국화꽃 송이,
서툰 운전 탓에 모퉁이를 긁은 자동차까지.
중심이라 부를 수 없는 주변의 것들에게 말이다.

공생하는 모든 이들에게 건넸던
선한 신호는 돌고 돌아
다시 나에게로 가닿았다.
어쩌면 그간 주변의 작은 존재들에게
던졌던 말 전부
나 자신에게 보내는 안부이자
고단한 삶을 달래는 위로였던가 보다.

030 ______ 마음껏 슬퍼하자

숱하게 겪는 슬픔의 순간,
당신이 만약 충분히 슬퍼하지 않았다면
슬픔은 반복된다.
외면한 고통은 잊히지 않고 살아남아
마음 어느 곳에서 자기 자신을 상처 입힌다.
그러니 충분히 슬퍼하고 나를 용서하자.
언젠가는 지난날의 감정에 더는 동요하지 않고,
찌꺼기가 가라앉은 맑은 물처럼
그날의 기억을 마주할 수 있을 것이다.

 # 나에게 베푸는 가장 큰 자비

용서와 화해는 다르다.

용서한다는 말이 상처를 준 사람과

예전처럼 지냈겠다는 뜻이 아니기 때문이다.

용서란 상처가 남긴 기억이

앞으로의 삶을 지배할 수 없도록 나를 돕는다.

그렇기에 달라이 라마는 용서에 대해

'자기 자신에게 베푸는 가장 큰 자비이자 사랑'

이라고 표현하였다.

032 ——— 나와 당신 사이에 선을 긋지 않을 때

나를 중심으로 세상을 구분하고 편을 나눌 때
우리는 누군가를 따돌리고 차별하며
타인의 고통에 둔감해진다.
나와 당신을 가르지 않고 베푸는 사랑이
곧 자신을 살리는 길임을 어째서 잊고 마는 걸까.

033 ———— 나를 마중 나가는 길

황폐화된 내면이 지쳐서 울도록 내버리지 말자.
언제 어디서든 가장 먼저 돌보아야 할 존재는 '나'이기에,
내가 나를 보살피고 사랑해야 한다.
마음속 심판관을 쫓느라 외면한 나를
있는 그대로 마주하는 시간이 모두에게 필요하다.

 후회 없이 사랑하라

"수천의 생을 반복한다 해도
사랑하는 사람과 다시 만날 수 있는
가능성은 아주 드물다.
그러니 지금 후회 없이 사랑하라.
사랑할 시간이 그리 많지 않다."

_『입보리행론』

곁에 있는 이와 모든 것을 공유할 필요는 없다.

그저 멀찍이 친구의 자리를 지키는 것,

좋을 때나 나쁠 때나 그를 믿고 지지하는 것,

그가 삶을 잘 헤쳐 나가리라 믿는 것,

서로의 성장과 행복을 진심으로 기뻐하는 것.

우정은 이 정도면 족하다.

격정은 미래를 대비하도록 도와주기에
우리가 살아가는 데 분명 필수적인 감정이다.
허나 쓸데없는 격정까지 떠안게 된다면
사람은 매 순간 긴장 상태에서 벗어날 수 없다.

격정을 뜻하는 단어 worry는
'목 조르다'라는 의미의 고대 영어 wyrgan에서 비롯되었다.
그만큼 격정은 우리의 마음을 옥죄어 온다.
만일 아무짝에도 쓸모없는 격정으로
심리적인 고통을 겪는다면
그보다 어리석은 일도 없을 것이다.

사람은 이 세상에 홀로 존재할 수 없다.
사랑하는 이들의 애정 속에서 어른이 되고,
동료들과 협력하여 성과를 내며,
가끔 누군지 모를 타인의 도움을 받기도 한다.

우리는 수많은 인연 덕에 존재하기에
항상 다른 존재들에게 감사하는 마음으로
자비와 친절을 베풀어야 한다.
그런데 많은 이들이 이 세계의 모든 존재가
서로 연결되어 있음을 너무 쉽게 잊는다.

038 ______ 어차피 살아야 한다면

인생을 재미있게 사는 사람들은
삶 곳곳에 숨은 즐거움을 만끽하며 속 시원히 웃는다.
그 웃음은 인생의 불확실함과 불공정함을
기꺼이 포용하는 데서 나오곤 한다.

공연한 짜증 대신 지금 할 수 있는 일을 찾으며
웃음을 택하는 이들은 사람을 끌어당기는 힘이 있다.
내 곁의 이들과 함께 웃다 보면
인생이란 한번 살아 볼 만하다는 생각이 든다.
아니, 이왕이면 즐겁게 살아 보자고 마음먹게 되니
한 번 웃으면 화가 풀리고
두 번 웃으면 인생이 풀리는 이치인 셈이다.

이제 그만 나 자신과 싸우기를 멈추고
스스로가 부족하다며 벼랑으로 몰아세우지 말자.
사람들은 자기에게 주어진 역할을 완벽히 해내야만
인정받고 사랑받을 수 있으리라 생각하나,
당신은 지금 모습 그대로 사랑받아 마땅한 존재이다.
그러니 세상이 아무리 강요하더라도
이를 따라가기 위해 자신을 내버려 두어선 안 된다.

040 ——— 용서하지 말라

용서할 수 없다면 용서하지 말자.
용서는 상처 입힌 타인을 향한 미움과 원망으로부터
나 자신을 놓아 주는 일이다.
상처의 고통에서 헤어나오지 못한 채 짓눌려
평생 한 발자국도 나아갈 수 없는 나 자신을
자유롭게 해 주는 것이 용서가 지닌 가치이다.

회복의 시간

호흡하며 현재에 집중하기

일상생활을 하다 보면 우리의 마음은
대부분 과거나 미래 어딘가를 헤매고 있습니다.
사람은 과거를 되짚고, 미래를 그리는 과정에서
지나친 후회나 염려에 빠져 쉽게 불안해하지요.
과거는 이미 지나간 것이고 미래는 아직 오지 않았으니,
우리가 살아가는 곳은 지금 현재뿐임을 자각해야 합니다.
호흡과 함께 현재에 몰입할 때 삶을 더 소중히 여기며
순간순간을 충실하게 살아갈 수 있습니다.

호흡 바라보기

1. 바닥에 반가부좌로 앉거나,
   두 발을 바닥에 대고 의자에 앉아 편안한 자세를 취합니다.
2. 허리는 바르게 펴고 온몸의 긴장을 모두 내려놓습니다.
3. 숨이 들어오고 나가는 감각에 집중해 보세요.
4. 계속해서 편안하게 호흡하며 들숨과 날숨을 통해
   배가 팽창하고 수축하는 감각을 알아차립니다.
5. 잡념에 빠져서 호흡을 놓쳤다면 부드럽게 호흡으로
   되돌아오세요.
6. 처음은 5분으로 시작하여, 호흡에 익숙해지면
   시간을 차츰 늘려 보세요.

채움의 시간

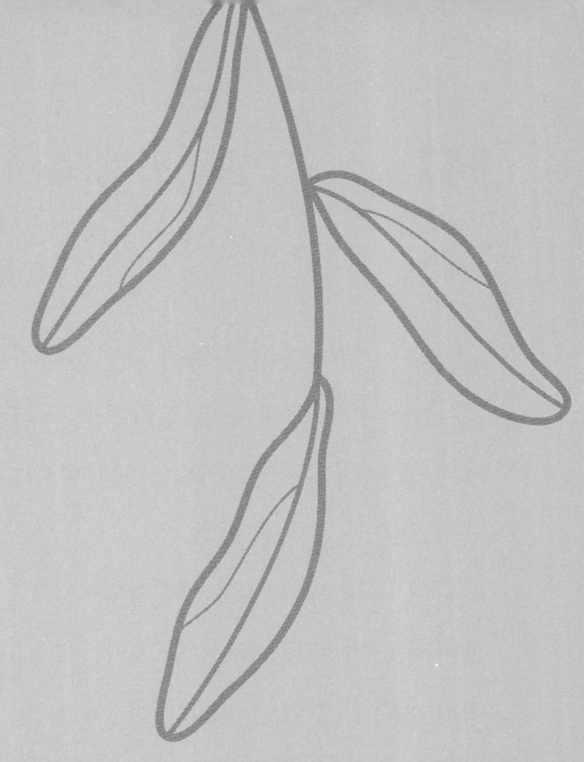

"

지혜의 눈으로 이 세계를 바라본다면
우리는 그 어떠한 영향에도
휘둘리지 않으리라.

"

도대체 어떻게 살아야 하나 고민하다가
몰려오는 막막함에 모두 포기하고픈 이들에게
나는 삶을 내던지라는 말을 하는 게 아니다.
그저 스스로 움켜쥔 탓에
도리어 나를 죄어 오던 생각들을
찰나라도 멈추어 보자는 뜻이다.
내가 옳다고 믿었던 생각이
언제나 진실로 옳은 것은 아니기에.

하루의 시간이 쌓여 달이 되고,
계절이 흘러 한 해가 바뀌어 간다.
주위를 둘러보면 많은 것이
자리를 잃고 허망하게 사라졌다.
무탈한 날이 오히려 낯설게 느껴질 지경이다.

해마다 나는 세상사의 돌풍에 휘둘리지 않고
그저 견디는 것을 목표 삼고는 했다.
그사이 떠나간 이들의 자리는 언제 그랬냐는 듯
새로운 풍경으로 무심히 채워졌다.
이것이야말로 무상(無常)한 변화이다.

나이를 한참 먹고서야 나는
다른 이를 돕는 일이 결국
나 자신을 돕는 일임을 깨달았다.
나의 삶을 어떻게 이끌어 갈지
우리는 끊임없이 되물어야 한다.
그리하여 타인에게 의지하는 삶이 아닌
온전히 내가 되는 삶을 살아갈 때
비로소 누군가의 의지처가 되어 줄 수 있다.

044 날을 잡을 것인가, 자루를 잡을 것인가

세상 모든 일에는 양면이 존재한다.

날을 잡으면 위험한 칼도

자루를 잡으면 유용한 도구가 되는 법이다.

어떤 일이든 유리한 점과 불리한 점이 함께하니

여기서 중요한 것은

그 일을 서로에게 좋은 방향으로

이끌어 가는 태도에 있다.

인생길을 돌아보면
더러는 내 마음을 속이던 날도 있었고,
우울감과 나태에 하염없이 허우적대기도 하였다.
이별 앞에서 한참을 서 있던 시절도,
분노에 휩싸여 말을 함부로 내뱉던 적도 있었다.

사실 모든 이들의 가슴 한편에는 이처럼
살을 에는 듯한 흔적이 남아 있을 것이다.
그것은 숨겨야 할 일이 아니다.
다만 정말로 부끄러운 것은
고치고 싶은 자신의 마음을 알면서도
그 자리를 벗어나지 못하고 또다시 반복하는 일이다.

언제나 그렇듯
삶에서 우리를 힘들게 하는 것은
원하는 바를 이루지 못해서가 아니다.
갈망하는 마음을 내려놓지 못해서이다.
그렇다면 우리는 매일의 순간마다
어떠한 결정을 내려야 할까.

047 ——— 빈 둥지인들 어떠랴

사람은 항상 어떠한 것이 존재하다가

사라졌을 때 더 크게 '없음(無)'을 자각한다.

이제는 내 곁을 떠난 소중한 것들 모두

어느덧 기억 어딘가의 흔적으로만 남았다.

그러다가 마음이 버틸 수 없는 순간이 오면

우리는 그 흔적을 되짚으며

떠나온 둥지로 돌아가길 희망한다.

설령 이젠 텅 비어 버린 둥지라 하여도 말이다.

가만히 들여다보면
사람 사이의 관계가 어긋나는 이유는
대부분 대화가 부족하기 때문이다.
대화가 부족하다는 건
서로에 대한 이해가 부족하다는 뜻이다.
이해 없이 내뱉은 말은 통보와 다르지 않으며
합의 없는 통보는 상대에게 상처만을 남긴다.
많은 다툼이 소통의 부재에서 비롯되어
관계를 침묵으로 몰아넣는다.

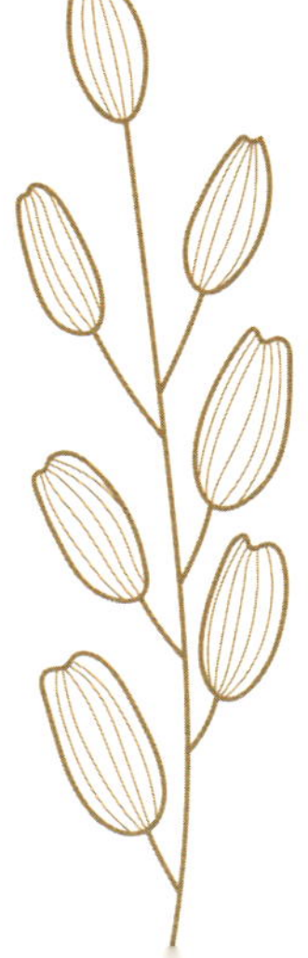

프랑스 격언에는 이런 말이 있다.

"차별은 모든 사람의 마음을 멍들게 한다."

차별이란 마음에서 시작된다.

우리 각자의 마음 한편에 자리한

그릇된 편견이 우리의 안을 비틀고,

그 틈새를 따라 혐오가 자라난다.

흔히 '고독'을 외로움과 같은 의미로 말하곤 한다.

그러나 고독은 외로움에서 비롯된 감정이 아니다.

고독은 누구에게나 존재하는,

내면과 만나는 혼자만의 시간이다.

그 시간을 온전히 받아들이기 위해서는

나 자신과 올곧게 마주하는 용기가 필요하다.

타인과의 소통뿐만 아니라

자신과의 소통을 편안하게 받아들일 때

우리의 삶은 한결 원만해진다.

고독의 시간은 내면 깊이 숨어 있던 자아를 건져 올리고,

오만과 독선으로 굳은 마음을 풀어낼 것이다.

철학이 궁극적으로 추구하는 것은
'인간의 행복'이다.
그러나 내 것만 옳다 고집하면
이기심에 갇혀 타인을 존중하기는커녕
친절과 자비도 베풀지 못한다.
과연 인간은 홀로 행복할 수 있을까.

052 ——— 내 손으로 엮어 온 인연 앞에서

우리는 과거로부터 배우고
지난 삶의 경험을 바탕으로
현재의 시각과 행동을 결정한다.
불쑥 떠오르는 과거의 기억까지도
내가 지어 놓은 하나의 업보이니,
이 모든 게 내가 만든 것이다.
내 안의 고통과 얽힌 인연들 또한
내 손으로 짓고 엮어 온 나의 몫이다.

이 세계에서 정해진 것은 무엇도 없다.
내 안의 목소리에 귀 기울이며 살아갈 때야말로
자신이 원하는 인생을 살 수 있으니,
마음의 부름을 외면하지 말자.
나는 욕망에 따라 행복하기 위해 출가를 택했고
당신도 행복하기 위해 지금의 길을 택했을 테니
우리 모두 각자의 선택을 두려워하지 말자.

자기 자신을 온전히 사랑하는 사람은
남을 해치지도 원한을 만들지도 않으므로,
타인과 행복하게 살길 바란다면
우선 나를 사랑하라.

나는 사람들에게 출가를 권하고는 한다.
여기서 출가(出家)란 승려의 길이 아니라
말 그대로 집을 나가 보라는 뜻이다.
집은 안락한 보금자리일 수도,
지금 나를 힘들게 하는 존재일 수도 있다.
갇힌 생각에서 벗어나 경계에 서서
안과 밖, 전체를 바로 보자.

갇힌 '나'에게서 한 걸음 나아가는 것,
길에서 벗어나 진실을 마주하는 것이
바로 출가이다.
인생의 어느 시기에서나
우리는 출가할 수 있어야 한다.

나의 주인

"나야말로 나의 주인인데
어떤 주인이 따로 있을까.
자신을 잘 다룰 때 세상에서 얻기 힘든
자기라는 주인을 얻게 된다."

_『본생담』

불교에서는 진면목(인간 본래의 참모습)을

드러내라고 이야기한다.

그리고 이를 위해 내면에 지속적인 주의를 기울여

올바른 통섭의 시각을 갖추도록 일깨운다.

즉, 편견을 버리고 인간과 세상을 바로 보라는 가르침이다.

어떤 일이든 선택하는 것도 나요,

영향받는 이도 나다.

지혜의 눈으로 이 세계를 바라본다면

우리 각자는 그 어떠한 영향에도 휘둘리지 않으리라.

근심과 곤란으로써 세상을 살아가라

"세상살이에 곤란함이 없기를 바라지 마라.
 세상살이에 곤란함이 없으면
 업신여기는 마음과 사치한 마음이 생기나니,
 그러므로 성인이 말씀하시되
 '근심과 곤란으로써 세상을 살아가라' 하셨느니라."

_『보왕삼매론』

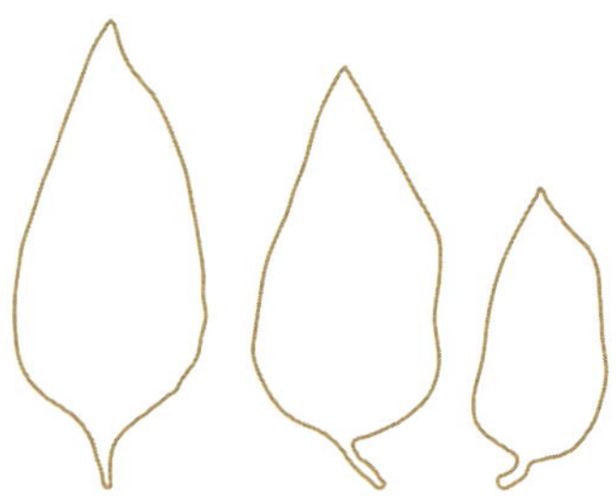

'보는 눈'이란 곧 지혜의 눈, 안목이다.

사람은 어느 정도의 안목을 가져야

이 세상의 다양함을 이해할 수 있다.

우리가 그 안목을 키우기 위해서는

제대로 된 것을 눈에 익혀서 그 핵심을 잡아내야 하는데

어쩌면 사람을 보는 안목도 이와 비슷하지 않을까.

선한 사람을 벗하여 착한 행실을 배우고

서로 좋은 이야기를 나누며

사람과 세상을 보는 안목을 키울 수 있을 테니 말이다.

 # 어른이 된다는 건

어른이 된다는 것은
내 마음대로 되지 않는 세상과
뜻대로 움직여 주지 않는 사람들 속에서
걸림 없이 살아가는 법을
느리게 익히며 나아가는 일인지도 모른다.

걸어가며 세상을 알아차리기

자리에 앉아 명상하다 보면

졸음이 쏟아지거나 번뇌가 일어나기도 합니다.

이러한 상태를 해소하기 위해

몸을 움직이는 좋은 방법이 있으니,

바로 걷기 명상입니다.

걷는 행위는 나를 둘러싼 이 세상 속에서

아름답고 유쾌하고 감동을 주는 존재들을

한 번에 하나씩 알아차리는 과정입니다.

섬세하고 미묘한 움직임을 관찰하기 위해

얼마나 많은 감각이 동원되는지

자신의 몸과 마음으로 경험해 보세요.

마음챙김 걷기 명상

1. 주변의 방해를 받지 않고 걸을 수 있는 곳을 찾은 후,
   두 발은 어깨너비로 벌리고 자연스럽게 섭니다.
2. 정수리에서부터 발바닥까지 주의를 기울여 살핍니다.
3. 오른쪽 다리부터 천천히 들어서 체중을 앞으로 이동시켜
   발걸음을 내딛습니다. 다리와 발에서 느껴지는 움직임과
   감각에 온전히 주의를 기울여 보세요.
4. 실내라면 맨발바닥에 닿는 바닥의 감촉과 압력, 온도 등을
   감지해 보고, 야외에서 걷는다면 주변 환경의 미세한
   변화까지 생생히 주의를 기울여 느껴 보세요.
5. 마음이 산란하다면 다시 걷는 동작에 주의를 집중하면서
   주변과 자신이 하나 되는 것을 느끼며 걸어 봅니다.

실천의 시간

당신은 이미 수행의 길을 걷고 있으니
주어진 삶을 끝까지,
성실하게 살아가시길.

061 —— 사소한 감정에 인생을 맡길 텐가

일상 속 사소한 감정을 다루는 법을 배우자.

거대한 슬픔이나 괴로움보다

일상을 이루는 작은 감정들이

우리에게 더 깊은 불행으로 다가오는 순간이 있다.

기분이 나쁘거나 화가 나거나,

짜증이 치미는 순간에 맥없이 끌려다니면

사람은 행복하지 못하다고 느끼고 만다.

사랑하는 이를 찾아 떠나 보아도 좋고,

높은 이상을 품어도 괜찮다.

다만 사랑이란 누구에게나 힘이 되지만,

동시에 지나친 마음은 때로 걸림돌이 됨을 알자.

제때 비우지 못한 감정은

나의 앞길을 가로막는 안개가 된다.

사랑을 흩트리는 것들을 조금씩 털어 낼 수 있다면

우리는 더 깊고 충만한 애정을 누릴 수 있을 테다.

내가 타인이라 여겼던 이들도
언젠가는 나의 아픈 손가락이 될 수 있다.
나 역시 누군가에겐 타인에 불과하지만
어떤 이에게는 사랑이 되기도 하고
때로는 아픔을 남기는 존재이기도 하다.

우리는 타인과 어떤 관계를 맺어야 할까.
먼저 서로를 이해하려는 마음을 갖고
선한 행동으로 응답하면 된다.
그 마음이 크든 작든 중요하지 않다.
내가 행한 선은 메아리처럼 돌아와
내게 평온한 삶으로 응답해 줄 것이다.

우리의 인생이란 게 무엇인지 알아차리기도 전에
이미 반 이상 지나가 버리고 마는 듯하다.
사계절의 변화를 다 품고
한 계절씩 여행 중인 줄 알면서도,
지금 만난 한 계절이 힘들고 괴로우면
마치 그것이 인생의 전부인 양 생각되니 말이다.

어느 계절이건 결국 지나가게 마련이니
중요한 건 우리가 어떠한 계절을 사느냐가 아닌,
어떤 마음으로 지나야 할 것인가이다.
그리고 인생이란 계절을 함께 건너는 이가
계절의 늪에 빠지지 않도록 배려하는 것도 잊지 말자.

실천의 시간

수천의 생을 가로지르며

나와 당신이 아득히 먼 시간부터 서로를 그리다
기어이 이 땅에서 만나 인연을 맺었다면
그것은 수천의 생이 엮어 만든 인연일 터.
그러니 사랑을 담아 말 한마디,
손길 하나에도 정성으로 대하자.

솔직하게 거절하는 일은
인간관계에서 중요한 덕목이다.
꾸밈없이 대답하지 못하면 우리는
상대의 눈치를 살피는 데 상당한 에너지를 들여야 한다.
타인의 답이 진심인지 재다가 관계가 멀어지고,
거절을 제때 하지 못해 뒤늦게 상대에게 상처를 준다.

우선 사소한 거절부터 연습하며 상대의 기대와
나의 기대를 낮추는 방법을 배울 필요가 있다.
싫은 것은 싫다고 말해야만
좋다는 답 또한 진심으로 받아들일 수 있다.
그렇기에 나는 깊고 복잡하게 생각하며 답하지 않는다.
좋은 건 좋은 거고, 싫은 건 싫다고 말할 뿐이다.

실천의 시간

좋은 사람은 좋은 대로
나쁜 사람은 나쁜 대로,
감정을 내려놓고 잘 떠나보내는 일 또한 필요하다.
아무리 소중하고 귀한 인연이라도
시절이 지나면 어떠한 형태로든
작별을 고해야만 하는 것,
그것이 우리 인생이다.

실천의 시간

 대보름 달빛 아래 태워 보낸 것들

정월 대보름의 휘영청 밝은 달빛 아래
논밭 한가운데서 환히 타오르던 달집과
둥글게 꼬리를 물던 쥐불을 기억한다.
스님들이 겨우내 번뇌를 태우듯
그 무렵 대보름엔 마을에서도 무언가를 태웠다.
옛 어른들은 불을 놓아 태워야만
새해 일들이 잘 풀린다고 하였다.

다시 시작하기 위해서는
무엇이든 한 번은 태워야 하는가 보다.
번뇌도, 미련도, 지나간 못난 일도
불길 속에 놓아두고 새로 시작하는 것인가 보다.

069 —— 그의 아픔을 재단하지 말 것

간혹 우리는 상대의 입장을 헤아리지 못한 채
성급히 결론을 내리며 해결책을 제시하거나
고민 자체를 축소해 버리고는 한다.
이 태도의 가장 큰 문제는
상대의 고통에 잣대를 들이미는 데 있다.
이는 고통에 대한 예의가 아니다.

그 누구도 주관적인 고통에 대해
경중을 따질 자격은 없으니,
상대가 고통스럽다고 한다면
진심으로 그 아픔을 존중해야 마땅하다.
조언자로서 우리가 할 수 있는 일이란
옳든 그르든 그가 직접 경험하고 깨닫는 과정을
단지 지켜보며 격려하는 것뿐이다.

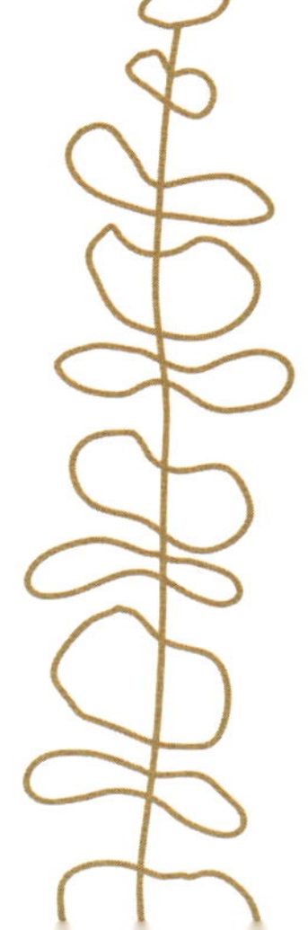

070 ______ 고삐를 단단히 쥐어라

"달리는 수레를 멈추게 하듯
끓어오르는 분노를 다스리는 이를
우리는 진정한 마부라고 부른다."

당신은 분노로 죽어 갈 수도 있고,
그렇지 않을 수도 있다.
사람은 화가 나면 외부적인 상황만을 고려하여
'무엇 때문에' 화가 난다고 여기지만,
사실 분노는 나 자신이 택하는 것이다.
그러니 감정의 고삐를 쥐고 진정한 마부가 되어라.

실천의 시간

매 순간 상황에 떠밀리지 말고
불평과 불만에 자리를 내주지 말자.
하고픈 것을 스스로 선택하며 살아가야만
후회하지 않는 삶을 누릴 수 있다.
그리고 그 안에서 숨 쉴 때 비로소
내 삶을 이끄는 진정한 주인이 될 수 있다.

우리가 거절을 어려워하는 이유는
상대의 기분이 나빠지면서
나에 대한 호감이 줄어들까 두렵기 때문이다.
더불어 자신이 타인에게 거절당한 기억을 떠올리며
상처와 배신감을 되새길 때도 있다.
그러나 거절할 용기 없이 시간만 끌거나
핑계를 늘어놓을수록 상황은 더욱 악화할 뿐이다.

당신이 거절하는 것은 상대의 부탁이지,
그 사람 자체가 아니다.
부탁 하나 거절했다고 멀어질 관계라면
죄책감 역시 가질 필요는 없다.
그는 당신이라는 사람보다
당신이 가진 조건과 관계를 맺은 것일 테니 말이다.

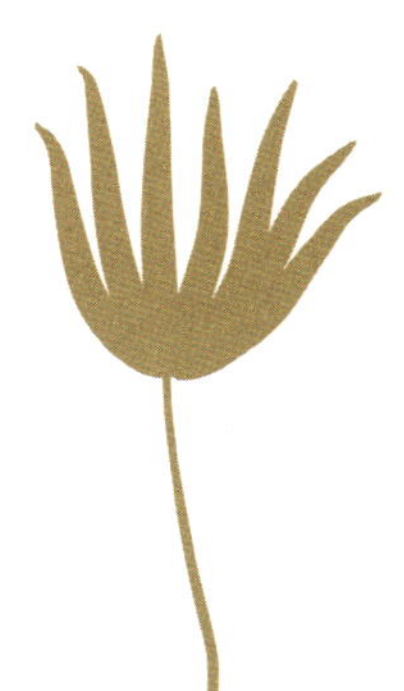

073 ＿＿＿＿ 서로의 어깨를 빌리며

나와 당신이 서로의 도움 없이
한평생 무사히 살아갈 수 있을까?
우리는 때로 타인의 어깨를 빌리고,
상대방에게 기꺼이 손을 뻗기도 하며
관계를 이어 나간다.
좋은 인연은 얼굴만 마주한다고
매듭지을 수 있는 게 아니다.

 우리가 진정 바라는 관계란

그리스 철학자 에픽테토스는 말했다.
"인간은 상황 자체보다
상황을 바라보는 관점 때문에 고통받는다."

우리도 늘 사건 자체보다 그 사건을 둘러싼
사람들의 생각을 추측하느라 기운을 빼곤 한다.
그러니 괜히 참으면서 빙빙 돌려 말하는 대신
있는 그대로 소탈하게 대답해 보자.
그래야 상대방도 내게 솔직해질 수 있다.
억지로 맺어서 유지하는 관계가 아닌,
진심으로 서로에게 힘이 되어 주고
서로의 존재를 고마워하는 관계.
그것이 우리가 바라는 진정한 인간관계가 아닐까.

 혼자만 잘 살면 무슨 재민겨

평생 농사꾼으로 배우며 살다 떠난 전우익 선생은
'혼자만 잘 살면 무슨 재민겨'라고 말해 왔다.
그 말 그대로, 혼자 잘 살아서는 딱히 재미가 없다.
하다못해 곁에서 부러워할 사람이 하나라도 있어야
인생은 재밌는 법이다.
그러니 더더욱 많이 사랑하며 살길 바란다.
떠올리기만 해도 절로 웃음이 나는 이들이
내 곁에 있다면 그만큼 살맛 나는 삶이 어디 있겠는가?

자신이 지금 무엇을 하고 있는지,
지금까지 무엇을 해 왔고,
자기 자신의 삶은 무엇으로 이루어져 있는지
이따금 진지하게 물어보라.
그 물음들을 잊지 않고 살아간다면
분명 당신의 삶은 날마다 더 좋아질 것이다.

지난 스무 해 동안 수행자로 살아오며
나는 하나의 결론에 가닿았다.
세상 사람들이 나보다 더 큰 수행을 하며 산다는 점이다.

나를 만난 이들이 존경과 공손의 의미를 담아
수행자를 위해 두 손 모아 합장하면,
나 역시 간절한 마음으로 합장한다.
스님보다 커다란 수행을 하며 벅찬 삶을 살아가는
당신의 어깨를 토닥토닥 두드려 주고 싶다.
잘하고 있다고, 애썼다고 말이다.
당신은 이미 수행의 길을 걷고 있으니
주어진 삶을 끝까지, 성실하게 살아가시길.

실천의 시간

078 ______ 함께 비를 맞는 것

누군가를 돕는다는 것은
비를 맞는 이에게 우산을 씌워 주는 대신
함께 비를 맞는 일이라고 한다.
아무런 도움이 되지 않을 듯하지만,
혼자 비를 맞을 적의 서글픔도 나눌 상대가 있다면
괜스레 장난치며 웃을 수 있는 순간이 된다.
그렇기에 우리는 그때 곁을 지켜 주었던
벗의 마음을 평생토록 잊지 못하는 것이다.
더불어 사는 세상에서 도움이란
함께 아파하는 마음만으로도 충분한 힘이 된다.

실천의 시간

"제발 우리 사이좋게 지내요.
어차피 이 땅에서 함께 살아야 하니
서로 노력을 하자고요."

사람들은 세상을 살아가는 데 있어서
수많은 원리와 원칙으로 파악하고자 한다.
그러나 그 중심이 되어야 할 것은 인간적인 심성이다.
인간에 대한 애정과 연민으로
시야를 달리 보는 순간 '이해'가 시작된다.
도덕이란 거대한 담론 속에 존재하지 않고
세상을 사랑하는 마음이 녹아든 나의 시선이 말해 준다.

가을에 서서

가을은 중간 정산의 계절.
한 해의 마지막으로 들어서기 전
잠시 자리에 서서 나를 되돌아보는 시간이다.
그리하여 나는 가을에게 안부를 묻는다.
이는 곧 내게 돌아올 안부일 테니.

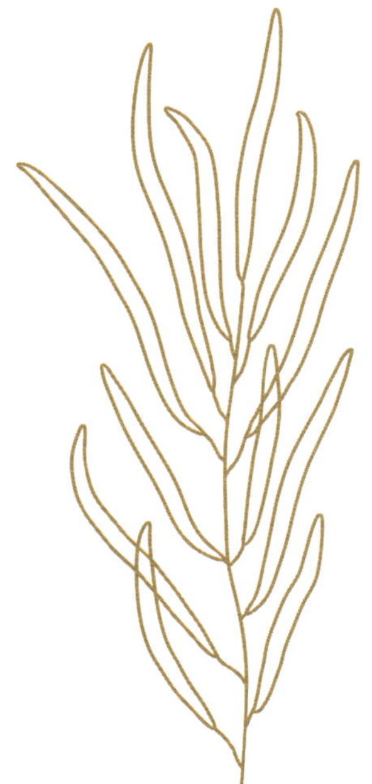

잠들기 전 나에게로 돌아오기

오늘날 우리는 하루를 마치고 잠자리에 누워도

수많은 생각이 앞다투어 떠올라

늦은 시간까지 깨어 있는 경우가 많습니다.

이때 떠오르는 생각에 맞서느라 애쓰는 대신,

마음의 밧줄을 살짝 느슨하게 풀어

내면의 긴장을 내려놓을 널찍한 공간을 마련해 보세요.

곧 들뜨던 마음도 점차 가라앉을 겁니다.

우선 하루를 마무리할 준비를 모두 마친 뒤,

이불을 덮고 편히 눕는 것부터 시작해 봅니다.

잠자기 명상

1. 편안히 누운 상태로 침구가 몸을 받치고 있는 느낌을
   받아들이면서 숨을 깊이 들이쉬고 내쉽니다.
2. 오늘 쌓인 생각과 감정을 사라지도록 두며
   모든 긴장을 풀도록 합니다.
3. 숨을 들이쉴 때 가슴과 배가 부풀어 오르는 것을 느끼며
   몸 전체를 살펴보세요.
4. 아침부터 지금까지 하루를 순서대로 떠올리며
   무심하게 기억을 지켜보세요.
5. 지금 이 순간으로 돌아와 발끝부터 신경을 집중해 긴장을
   풀기 시작하여 발목에서 몸 전체로 이완을 계속합니다.
6. 긴장이 풀리는 느낌을 받아들이며 잠들 때까지
   명상을 이어 나갑니다.

리셋의 시간

"

과거로 돌아가서 새롭게 출발할 순 없다.
그러나 누구든
지금부터 시작할 수는 있다.

"

081 ——— 발아래의 동행자

수행자라고 하여 모두가 깨달음을 얻고
존경받는 삶을 살다가 떠나는 건 아니다.
저마다의 마음그릇에 따라 수행력이 다르기에,
그 안에서 나 역시 나만의 수행자상을 만들고 싶다.
복잡하고 소란한 이 도시에서 사람들과 부대끼며
내가 터득한 지혜를 나누길 꿈꾼다.

만일 거대한 불상이 신성하고 엄숙한 모습으로
인간 삶에 있어서 커다란 방향을 가리키고 있다면,
나는 그 발아래에서 사람들과 함께
그곳을 향해 천천히 걸어가고 싶다.

이삭이 올라오려면 장마가 지나고도

한참을 더 기다려야 한다.

어릴 적 나는 하루이틀로 될 일이 아님에도

노을이 붉게 물들 때까지 논둑에 앉아

이삭이 솟기만을 기다렸다.

왜 이리 더디냐 투정을 부리면

곁에 있던 어머니가 일러 주었다.

모든 것에는 시간이 필요한 법이라고.

그 말을 지금에 와서야 다시금 되새긴다.

그렇다, 모든 일에는 숙성할 시간이 필요하다.

083 —— 잘못 든 길이라고 하여도

무언가를 새로이 시작하게 되거든
누구나 처음에는 실수할 수 있음을 기억하자.
이 방향이 맞나 한참을 고민하고
괜스레 빙 둘러서 걸어간다고 하여도,
각자의 걸음을 믿고 나아가다 보면
당신이 바라던 결말이
기다리고 있을 것이라고 말해 주고 싶다.

"이 몸에도 늙음은 닥쳐오고

생명의 불꽃 가냘파지니

자, 이제 떠나야 하지 않겠는가?"

_『대반열반경』

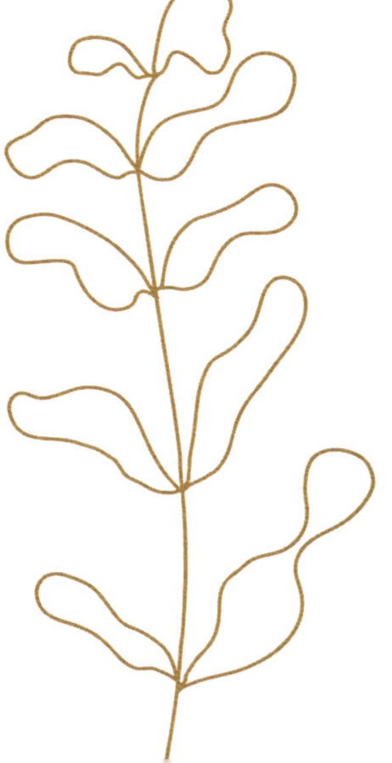

죽음은 내가 살아온 삶을 대변한다.
죽음을 지나치게 두려워해서도
지나치게 가볍게 여겨서도 안 되며,
죽음은 삶의 괴로움에서 도망치기 위한
출구도 될 수 없다.
그러니 우리는 각자에게 남은
삶을 더 잘 살아 내야 한다.
두려워하지 말자, 당신은 살아갈 수 있으니.

어떤 이는 '새 시작'이라는 말에 두근거릴 수 있고,
누군가는 걱정과 두려움에 한껏 긴장할 수도 있다.
어쩌면 새로운 환경에 적응하느라 눈치를 보고,
실수를 신경 쓰며 마음고생을 할지도 모른다.

그러나 시작이 힘들수록 인생의 밑거름은 충분해지고,
실패의 경험은 훗날 더 큰 위기 앞에서
버틸 수 있는 힘으로 되돌아온다.
진정한 배움은 언제나 상처투성이가 되어서야
비로소 찾아오는 법이니 말이다.

나에게 허락된 시간은 영원하지 않고
인생은 끝없이 이어지지 않는다.
각자에게 주어진 기쁨과 슬픔, 고통까지
기껏해야 살아 있는 동안만 느낄 수 있을 뿐.
지금 이 순간이 내가 온전히
붙잡을 수 있는 삶의 전부이니,
오늘의 시간을 성실히 살아가는 것 외에
다른 선택지는 없다.

리셋의 시간

시간이 얼마나 남아 있든

그 시간을 보내는 건 온전히 나의 몫이다.

시간은 모아 둘 수 없고,

누군가에게 빌려주거나 빌려 올 수도 없다.

그러니 매 순간순간 성실히 살아가며

손에 쥔 각자의 시간을

허투루 흘려보내지 말아야 한다.

우리가 이루고자 하는 모든 일은

그만큼의 시간이 필요하다.

인생에 있어서 '최선의 선택'이란
선택한 시점에서 끝나는 게 아니라
과정에서 만들어 가는 것이다.
우리의 삶은 끊임없이 노를 저어
나아가는 여정과 같으며
그 안에서 맞부딪히는 욕망과 갈등, 망설임은
내가 더 나은 방향으로 갈 수 있는 기회이기도 하다.

090 ——— 죽으라는 법은 없다

평탄한 길은 사람을 방심하게 한다.
반면 험한 길은 조심히 걷는 데 집중하니
의외로 넘어지는 일이 잘 없다.
설령 언제 끝날지 모를 길 위에서
넘어지지 않고자 하는 게 힘든 일이라 하여도
길은 어느 순간 끝난다.
정신을 바짝 차리기만 하면 죽으라는 법은 없다.

그 시절의 나 역시 인생의 험한 길을 걷고 있었으나
조심히, 죽지 않고 버티기만 하면 되었다.
그저 평탄한 길이 나타날 때까지 말이다.
그리하여 나는 어떻게든 버텨 보겠노라 마음먹었다.

그해 여섯 달은 사랑하는 가족을 떠나보내는 애도의 시간이자
죽음을 받아들이는 과정이었다.
그 시간을 지나오며 나도 당신도 그 누구라도
한순간 이 세상을 떠날 수 있는
유한한 존재임을 가슴 깊이 이해하고 말았다.

허나 그 때문에 인생이 허무하기만 하진 않았다.
비록 가족은 내 곁을 떠났으나
그들이 남긴 사랑은 여전히 내 안에서
나를 응원하고 있었으니 말이다.
산 사람은 어떻게든 살아가고, 인생은 유한하기에
매 순간 최선을 다하며 후회 없이 살아야 함을
비로소 깨닫게 된 것이다.

어떻게 살아야 하나 헤매는 이들에게
신화학자 조지프 캠벨은 이리저리 방랑하며
마음 가는 대로 해 보라고 말한다.
자신의 인생을 화두 삼아 여기저기 기웃대다 보면
어느 순간 정착할 만한 곳을 발견할 것이다.
다만 이는 무엇이든 적극적으로 시도하는 이들에게
주어지는 특권임을 잊지 말자.

혹여 남들보다 뒤처질까 두려운 이들은
'방랑을 택한 사람은 굶을 걱정과
타인의 시선을 걱정해선 안 된다'라는 말을 기억하자.
'내 자리'라고 여겨지는 곳에 머무르면 그만이다.
다른 이들의 생각이야 그저 그들의 생각일 뿐이니.

꽃이 지고 난 후에야 다시 씨앗이 맺히듯

삶에 대한 깨달음은 언제나 시간이 지난 다음 찾아온다.

오늘의 후회와 깨달음은

내일을 위한 자양분이 되어야지,

그저 아쉬움으로만 남아서는 안 된다.

우리는 슬픔 속에서 위로를,

강인함 속에서는 부드러움을 배우고

나약함 속에서 용기를, 자신감 속에서 겸손을,

외로움 속에서는 자유를 알게 된다.

죽는 순간까지 이어지는 삶의 이야기 속에서

우리는 인생을 배운다.

 모든 것에는 시간이 필요하다

모든 것에는 시간이 필요하다.

마음이 안정될 시간, 누군가를 믿을 시간,

사랑하고 또 용서할 시간, 그리고 기다림의 시간.

그 숱한 시간 동안 나는 주변 언저리보다

나의 발걸음에 귀를 기울여 왔다.

힘겨운 나날을 묵묵히 버틸 시간이

내게도 필요했으니 말이다.

결국 이 모든 시곗바늘이 쌓이고 쌓여

사람과 세상을 통찰하는 눈을 기를 수 있었다.

095 —— 나답게 산다는 건

인생에는 바꾸고 싶어도 바꿀 수 없는 것이 많다.
주어진 환경이나 예상치 못한 일들을 보아라.
뜻밖의 상황과 마주하고서 나약해진 사람은
흔히 타인의 뒤를 쫓거나
오랜 습관처럼 걸어온 길을 답습한다.

그러나 이는 후회했던 일을 반복하는 것에 불과하니,
새로운 길을 개척하는 일은 오로지
나의 몫임을 잊어서는 안 된다.
우리는 스스로 바라는 사람이 되기 위해
나 자신을 믿고 앞으로 나아가고자 노력해야 한다.
나답게 산다는 건 얼마나 멋진 일인가.

불교는 모든 일이 나에게서 비롯되기에

늘 자기 자신을 다스리라고 말한다.

나를 믿고서 자신을 다스린다면

무엇이든 이겨 낼 수 있으며,

현실을 통째로 바꿀 순 없을지라도

마음가짐이 변하면 바라보는 세상 역시 달라진다.

그렇게 살다 보면 곧 깨닫게 된다.

지금껏 느낀 매일의 절망이

실은 생에 대한 강한 욕구였음을 말이다.

음악회가 끝난 후 집으로 돌아가는 길,
탱고의 식지 않은 열기를 즐기며
문득 이런 생각이 스쳤다.
혹 내 안에 숨어 있던 무엇이
공연장의 저 탱고와 같은 것은 아니었을까.
인생을 살아 볼 만하게 만드는 본능적인 열정을
탱고라고 부른다면,
우리는 인생이라는 선율에 맞추어
뜨겁게 춤을 추어야 하는 게 아닐까.
그날 이후로 나는 탱고 공연을 찾지 않았다.
한 번으로 충분했다.

한 해를 돌아보고 정리할 때가 되었다.
경험이 우리에게 일러준 지혜를 꼼꼼히 담고,
실수를 토대 삼아 다음의 대안도 마련하는 시기.
이 마지막 달에 꼭 치러야 할 통과의례가 있다면
바로 '마음 정리'이리라.

지나온 시간을 돌아본다는 것은
과거에 끈덕지게 매달려 집착하기 위함이 아니라,
그리움마저도 시간의 병 속에 눌러 담아
마침표를 찍고 그다음으로 나아가기 위함이다.

리셋의 시간

그러나 나는 알았다.
이제 다시 세속으로 돌아갈 수 없으니
그 각오를 다지라는 은사 스님의 진심을.
이런저런 일로 마음이 흔들릴 때면
나는 가끔 처음으로 머리를 깎았던 그날을 떠올린다.
우리가 각자의 다짐을 이어가는 데 있어서
간절하게 원했던 그 순간을 되새기는 일은
반드시 힘이 되어 준다.

100 _____ 시작보다 중요한 것

과거로 돌아가서 새롭게 출발할 순 없다.

그러나 누구든 지금부터 시작할 수는 있다.

그리고 시작보다 중요한 것은

내가 어디에서 어떠한 모습으로 끝맺음하느냐, 이다.

리셋의 시간

마음 점검 노트

하나의 여정을 마친 지금,

다시금 나 자신과 마주하며

이 길에서 각자 무엇을 내려놓았는지

어디에 오래도록 머물렀는지

그리고 마음이 흔들릴 때 나에게 건네고 싶은 말은

무엇인지 되짚어 봅시다.

이 기록은 여정에 마침표를 찍는 대신

이후 이어질 수많은 매일 속에서

다시 펼쳐 볼 수 있는 나만의 마음 기준이 될 것입니다.

1. 이 100일간의 여정을 시작하기 전, 내려놓고 싶었던 생각과 감정을 기억하나요?
   그때의 마음과 비교할 때 지금의 내 마음은 어떤 모습인지 차분히 들여다보세요.

2. 이 여정에서 만난 다섯 가지 단계 중 가장 인상 깊게 머물렀던 단계는 어디인가요?
   그 단계에서 내가 만나게 된 마음의 태도나 겪은 변화가 있다면 적어 보세요.

3. 앞으로의 삶에서 또다시 여러 상황에 부딪히며 마음이 흔들릴 때, 내게 들려주고 싶은 말이
   있다면 무엇인가요? 내가 만났던 문장도 좋고, 마음에 떠오르는 나만의 문장을 적어도 좋습니다.

필사를 마무리하며

미처 적지 못한 말과
정리되지 않은 마음을
이 페이지에 자유롭게 남겨 보세요.

"다시 시작하기 위해서는
　무엇이든 한 번은 태워야 하는가 보다.
　번뇌도, 미련도, 지나간 못난 일도
　불길 속에 놓아두고 새로 시작하는 것인가 보다."

마음에 꽃을 심는 원영 스님 필사집

마음 글밭

ⓒ 원영, 2026

2026년 2월 20일 초판 1쇄 발행

지은이 원영
발행인 박상근(至弘) · 편집인 류지호 · 편집이사 양동민
책임편집 정유리 · 편집 김재호, 양민호, 김소영, 최호승, 이란희, 이진우 · 디자인 쿠담디자인
제작 김명환 · 마케팅 김대현, 김대우, 이선호, 류지수 · 관리 윤정안
콘텐츠국 유권준, 김희준
펴낸 곳 불광출판사 (03169) 서울시 종로구 사직로10길 17 인왕빌딩 301호
　　　대표전화 02) 420-3200 편집부 02) 420-3300 팩시밀리 02) 420-3400
　　　출판등록 제300-2009-130호(1979. 10. 10.)

ISBN 979-11-7261-246-7 (03220)

값 22,000원